NOMS NOUVEAUX

A DONNER

A QUELQUES RUES ET PLACES

DE LA

VILLE DE SAINT-MIHIEL

SAINT-NICOLAS ET NANCY
IMPRIMERIE POLYTECHNIQUE DE N. COLLIN.

1876

NOMS NOUVEAUX

A DONNER

A QUELQUES RUES ET PLACES

DE LA VILLE DE SAINT-MIHIEL

Les villes qui possèdent un foyer quelque peu intellectuel se font tous les jours un devoir de consacrer le mérite de leurs hommes célèbres ou seulement utiles, en élevant quelque monument en leur honneur, comme aussi de rappeler le souvenir d'importants événements survenus dans la localité. Un des moyens les moins onéreux, par conséquent très-abordable, est de donner leurs noms à des places publiques ou à des rues, en les appliquant suivant que ces hommes remarquables ou des événements dignes de mémoire s'y rattachent. Dans les dernières années de prospérité qui ont précédé la catastrophe politique d'où nous sortons, ce genre d'illustration a pris une grande extension et partout où l'intérêt matériel n'est pas le seul dominant, les municipalités s'étudient à célébrer le mérite des morts pour encourager les vivants.

En ce genre, la ville de St-Mihiel a tout à faire, car à l'exception de la place Ligier-Richier, baptisée par hasard et sans motif en 1848, nulle célébrité n'a été honorée d'un souvenir de reconnaissance. Auprès d'elle les villes de Metz et de Nancy se sont particulièrement distinguées ; dans la Meuse, Bar-le-Duc et Verdun n'ont pas manqué à ce devoir. Saint-Mihiel, capitale de l'ancien Barrois non-mouvant, qui a le droit d'être compté pour la troisième ville du département, est donc resté en arrière et paraîtrait consentir à n'être qu'une bourgade incolore où le génie d'aucun de ses habitants ne dut jamais être remarqué.

Le projet soumis ici n'est peut-être pas assez complet, mais il est en tous points d'accord avec l'histoire. Il est inutile de dire que l'on n'a pas la prétention de l'imposer, ni en tout, ni en partie ; mais tôt ou tard quand on y viendra, il pourra servir de renseignement et faciliter des applications.

SECTION DU BOURG.

Rue du faubourg de Nancy.

La dénomination de cette voie publique est d'invention moderne, dans un moment où la qualification de *Saint* était proscrite. Auparavant c'était le faubourg *Saint-Thiébaut*, rappelant l'existence d'un Prieuré dont l'origine était pour le moins aussi ancienne que la ville elle-même. Passe pour l'appellation de faubourg d'Apremont, qui est la première localité où il aboutit, mais comme avenue de Nancy, c'est un peu téméraire, on aurait tout aussi bien pu dire, faubourg de Lunéville ou de Strasbourg ; de même aujourd'hui, hélas, on pourrait y substituer faubourg de Prusse.

En lui rendant le nom de RUE ou FAUBOURG SAINT-THIÉBAUT, on rappellerait le plus ancien établissement religieux de la ville.

Rue Derrière-la-Ville.

Cette voie, qui commence au faubourg St-Thiébaut et finit à la porte à Verdun fait ainsi presque le tour de la ville où elle règne. Pour la faire mieux reconnaître, il faudrait la diviser ; par exemple, depuis l'hôtel de la Couronne, devant les Minimes, elle pourrait prendre le nom de RUE DU PEUT-POTU (vilain-trou) ; jusqu'au cimetière et de là jusqu'à la caserne, celui de RUE DE L'ATRE, qui rappellerait l'ancien nom qu'elle portait et lui conviendrait puisqu'elle conduit de même au cimetière actuel.

Rue des Chanoines.

Cette petite rue qui va de la Grande-Rue à la place de l'église, est ainsi dénommée actuellement sans motif plausible et ne consacre à bon droit aucun souvenir, car la chapelle des chanoines bâtie au derrière de l'église paroissiale fermait ce passage et isolait la rue actuelle.

L'histoire de St-Mihiel a rappelé que l'emplacement occupé par les Chanoines réguliers était jadis celui de *la Paliole*, ou palais des Comtes de Bar, à côté duquel était l'hôtel de la Monnaie. Ces deux établissements, qui avaient à St-Mihiel une importance majeure, donnant à la ville sa prééminence de capitale du Barrois, ont le droit de ne pas tomber dans l'oubli. On pourrait donc, pour bien faire, qualifier RUE DE LA PALIOLE ou RUE DES COMTES DE BAR, la partie qui longe l'église, jusque et y compris la place située au derrière du monument ; le surplus serait appelé RUE DE LA MONNAIE jusqu'à sa sortie sur la Grande-Rue.

Quant aux chanoines, le souvenir de leur existence peut être conservé par la dénomination de PLACE DES CHANOINES appliquée à la place devant l'église. Elle rappellerait à la fois les chanoines réguliers et ceux du chapitre St-Léopold qui eurent, les premiers, leur chapelle, les seconds, leurs principales demeures en cet endroit.

Grande-Rue.

Dénomination usitée dans tous les villages, où s'étalent les principaux fumiers, dès lors bien pauvre d'invention pour une ville qui a des souvenirs glorieux à conserver. Cette rue fut jadis habitée par les principaux Membres du Parlement et de la noblesse ; on l'appelait rue *Bourbeham*, qui ne peut être conservé, encore que son défaut de pente ne la rende pas toujours très-propre.

Le plus célèbre de ses habitants fut Richard de Wassebourg, Archidiacre de la Rivière à Verdun, né à St-Mihiel, auteur des *Antiquités de la Gaule Belgique*, ouvrage très-précieux pour la Province et qui eut manqué à tous ses historiens. Durant les séjours très-fréquents qu'il faisait à St-Mihiel, il habitait cette rue, dans une maison qui lui appartenait, confondue plus tard dans l'hôtel de Gondrecourt, appartenant aujourd'hui à M. Larzillière-Beudant, maire de la ville.

Un souvenir important doit donc être réservé à ce dignitaire, tant à raison de son mérite personnel et de ses travaux, qu'à cause de ses bienfaits envers la ville. On devrait alors l'appeler RUE WASSEBOURG ou RICHARD DE WASSEBOURG, d'autant plus que le nom de Grande-Rue serait mieux appliqué en d'autres endroits de la ville, s'il en était besoin.

Place Ligier Richier.

Jusqu'au siècle actuel, ou à peu près, elle fut appelée PLACE DU CHATEL, à raison de l'existence ancienne du château situé au-dessus, où l'on montait par une voie ouverte à son milieu. L'opinion révolutionnaire proscrivant les châteaux, lui fit donner le nom innocent de *Place du Bourg*, qu'elle conserva jusqu'en 1848. A cette époque, on profita de la dictature du commissaire républicain pour la faire dénommer *place Ligier Richier*. L'inscription mise récemment sur la fontaine posée à son milieu servit d'occasion et de prétexte à cette dénomination qui prouve en faveur de l'aspiration populaire à consacrer les souvenirs locaux, mais qui, en ce lieu, n'avait aucune raison d'être, puisque le célèbre statuaire n'a ni habité, ni rien décoré en cet endroit. C'est ailleurs qu'il doit trouver son illustration, comme il sera dit plus loin.

Pour rappeler l'ancienne importance de St-Mihiel, il sera donc mieux de rendre à cette place le nom qu'elle avait de PLACE DU CHATEL, ou si l'on veut, celui plus moderne de PLACE DU CHATEAU. Chacun se demandera où était cet édifice, ce qui sera un moyen d'en perpétuer la mémoire.

Porte à Wet.

A l'extrémité de la rue des Tisserands, qui part de cette place, se trouvait la *Porte à Wet*, c'est-à-dire *porte au guet*

Il conviendrait, à partir de son emplacement, qui est à la descente de la Coq-Celle, de lui donner jusqu'au Poncelot le nom de rue DE LA PORTE AU GUET, au lieu de rue Sous-Bel-Air.

Ruelles des Estrubets et de la Vau.

Ces deux ruelles, qui prennent naissance sur la place Ligier Richier, conduisaient jadis toutes deux au moulin et au pont du Tribel, situés à leur extrémité.

La première s'appelait *Rue du Tribel*, nom estropié, à leur honte, par d'anciens employés de la mairie, qui l'ont métamorphosé en *Estrubets*. Elle s'arrête à l'emplacement où était le moulin, mais n'est plus qu'une impasse à raison d'une anticipation qui a fermé le passage. Il y aurait donc lieu de lui ôter ce nom insignifiant et de lui rendre celui de RUE ou RUELLE DU TRIBEL.

La seconde est appelée ruelle de la Vau ; il serait mieux de la dénommer RUELLE DU MOULIN, en souvenir de cette usine placée au centre de la ville, alors qu'elle était fermée de murailles.

Rue de la Vau.

La Vau, en langage du pays, signifie la vallée, ancienne dénomination de cette partie du territoire, losrque les constructions de la ville n'allaient pas aussi loin. Elle peut, du moins en partie, conserver son nom depuis la place du Château jusqu'à celle de l'Hôtel-de-Ville.

Place de l'Hôtel-de-Ville.

Le monument public qui longe cet emplacement resserré n'avait pas la même destination qui ne lui a été donnée que depuis le commencement du siècle. Il avait été bâti pour le service de la Justice, ce qui le fit appeler l'*Auditoire*, la maison qui servait à la municipalité étant alors sur la place du Châtel. Lorsqu'on construisit cet Auditoire sur les ruines de la porte à Grougnot, il y aurait eu grande difficulté d'élargir la place, le couvent des Carmélites y mettant obstacle. Quand celui-ci fut renversé, la municipalité, siégeant alors dans les bâtiments de l'Abbaye, ne sentit pas la nécessité d'agrandir cet emplacement, ce ne fut que quand elle y installa l'hôtel-de-ville qu'elle s'y vit contrainte pour faire disparaître d'abusifs dépôts d'immondices.

On peut lui laisser le nom de PLACE DE L'HOTEL-DE-VILLE, à moins de ne la considérer que comme une prolongation de la rue de la Vau, et de la confondre dans celle de ce nom qui va suivre.

SECTION DE LA HALLE.

A ce point se trouve une rue nouvelle, appelée de la *Tête-d'Or*, percée à travers les jardins des Religieuses et des Bénédictins, séparant les deux sections de la ville, traversant les écuries d'une auberge qui avait pour enseigne une tête d'or, dont personne aujourd'hui n'a conservé aucun souvenir méritant considération. Il serait mieux, puisque rien ne rappelle plus le couvent qui était là, beaucoup plus important qu'une auberge, de la nommer RUE DES CARMÉLITES.

Suite de la rue de la Vau.

Cette portion, depuis l'hôtel-de-ville jusqu'à l'embranchement des rues Basse et Haute, devrait reprendre le nom de

RUE DE L'AUDITOIRE, qu'elle porta longtemps. Cette dénomination paraît d'autant plus obligée qu'elle est la seule pour rappeler l'existence d'une grande Justice à St-Mihiel, dont ce fut la principale gloire et le plus puissant motif pour lui attribuer ultérieurement le Grand tribunal du Département et ensuite la Cour d'assises.

Rue Basse et rue Haute.

Voilà des noms que le moindre hameau n'envierait pas pour leur distinction, il faut être né avec eux pour ne pas en sentir la pauvreté.

Dans la rue Basse demeura JEAN ROUILLON, fabricant de drap, qui, par son intelligence et son travail, s'éleva pour la fortune au-dessus de ses concitoyens et dota les pauvres d'une somme alors énorme. En donnant son nom à cette rue, depuis son embranchement jusqu'à la place dite des Regrets, la ville se montrera, quoique un peu tard, justement reconnaissante.

La rue Haute doit de même être débaptisée et reprendre son ancien nom qui était RUE DES DRAPIERS, étant principalement habitée par les industriels de cette profession, qui a été la source d'une grande prospérité à St-Mihiel, dont plusieurs familles se ressentent encore dans la localité.

Place des Regrets.

Ne pourrait-elle, à plus juste titre, reprendre son ancien nom de PLACE DE L'ABBAYE, son appellation actuelle n'étant due qu'à une plaisanterie tendant à tourner en dérision la générosité de ses créateurs, comme il est rapporté dans l'histoire.

Place du Collége.

Le défaut d'imagination chez les anciens officiers municipaux a fait ici son chef-d'œuvre. Pourquoi ont-ils préféré le Collége à l'Église, à l'Hôpital, à la Gendarmerie, aux Prisons, à la Bibliothèque, tous établissements remarquables et plus importants que le collége, au point de vue monumental. Il faut aujourd'hui une dénomination moins restreinte qui les comprenne tous. L'Abbé de St-Mihiel, Dom Maillet, au XVIIIe siècle, a le mérite d'avoir créé cet établissement ; il a, à *ses propres frais*, reconstruit l'église, élevé la façade du collége, en remplacement d'un bâtiment d'un aspect maussade ; enfin il a déblayé la place d'autres constructions encombrantes, de sorte que la ville de St-Mihiel lui doit à divers égards de grands remerciements.

En la dénommant PLACE MAILLET ou PLACE DOM MAILLET, la ville fera un acte de gratitude honorable, d'autant plus qu'après avoir fait avec désintéressement preuve d'un véritable patriotisme, ce digne Abbé fut victime de la politique et de l'intrigue des courtisans qui lui ravirent sa crosse, l'abreuvèrent d'amertume et lui infligèrent les douleurs d'un exil à perpétuité.

Place Saint-Michel.

Le public cherchera probablement où elle repose, car malgré sa désignation récente, elle est fort ignorée. Il s'agit du carrefour formé par les ruelles de l'église, de la place des Moines et du chemin qui passe derrière la rue Basse. Cet emplacement était autrefois occupé par le cimetière de l'Abbaye qui entourait l'église où dom Loupvent, trésorier de ce monastère, avait à ses dépens fait ériger un monument appelé chapelle du St-Sépulcre.

Ce bénédictin, comme l'apprend sa biographie, était pour le temps, un homme important et instruit, employant sa fortune personnelle à s'éclairer en voyageant et à faire des fondations pieuses. En donnant le nom de PLACE DOM LOUPVENT à cette partie de la ville, on ne fera qu'un acte de justice.

Place Neuve.

Ce n'est pas sans étonnement et sans honte pour la ville que les étrangers lisent cette inscription si peu digne du palais que l'on admire. Comment peut-on, après plus de 80 ans qu'elle a d'existence, conserver la simplicité de faire croire au public étranger qu'elle est de nouvelle création. A-t-on oublié que le somptueux édifice qui en fait l'ornement est dû à l'Abbé Henezon, qui, de même que l'Abbé Maillet, y avait sacrifié ses revenus personnels. A la vérité, cette place, ancien jardin de l'Abbaye, a été si polluée par l'amoncèlement de décombres qui enterrent le monument et le rendent difforme, par la création et le maintien d'une plantation villageoise qui l'obstrue, que les anciennes municipalités ont pu reculer devant la nécessité de rappeler en cet endroit un nom honorable si cher à l'histoire de la ville.

On peut en effet objecter que lui donner le nom de PLACE HENEZON ou DOM HENEZON, serait une dérision pour ce grand homme, s'il lui était permis d'en voir le sort, mais pourtant ce serait faire à sa mémoire une réparation qui quoique tardive, lui est légitimement due. La population saura bien qu'il n'est pas coupable des dégradations actuelles qui sont à jamais regrettables, mais que le temps amoindrira peut-être.

Rue des Ingénieurs.

Cette rue, si récemment percée, dérisoirement appelée par le populaire rue Mal F..ichue, est susceptible d'être un jour mieux garnie de maisons. Elle traverse à son extrémité les jardins qui dépendaient d'habitations principales, dont l'une fut la demeure de l'homme le plus considéré de son temps, *Jacques Bournon;* qui, après avoir été avocat renommé, fut Procureur-général près la Cour des Grands Jours, puis Président de cette Cour. On sait que sa réputation le fit choisir par la duchesse de Lorraine pour l'accompagner à Paris, à l'effet de défendre devant le Roi Charles IX, les droits régaliens du Barrois. Ce fut lui qui porta la parole en séance royale et défendit les intérêts de notre pays contre le célèbre Pibrac, Premier Avocat du roi, ce dont il s'acquitta à l'applaudissement général.

Outre ses grandes dignités, conformes à son mérite, JACQUES BOURNON est compté encore aujourd'hui comme un historien chroniqueur très-estimé. Il fut à tous égards le plus grand citoyen qu'ait possédé St-Mihiel, ce qui oblige impérieusement à conserver son nom. Les érudits de la Province qui le connaissent, peut-être mieux que sa ville d'adoption, en sauront le plus grand gré à celle-ci.

Rue de la Place-Neuve.

Cette rue, d'une appellation aussi pauvre que celle de la place à laquelle elle aboutit, pourrait, depuis la caserne jusqu'au palais, être appelée RUE DE L'ISLE ou DOM DE L'ISLE, du nom de l'historien de l'Abbaye qui, entr'autres mérites, a conservé pour la ville des chroniques qui eussent été perdues sans lui. En sa qualité de Prieur du couvent, il habitait l'extrémité du bâtiment de la gendarmerie. Son souvenir mériterait une rue plus habitée, mais il y a lieu d'espérer qu'elle le sera plus tard.

Rue de la Buanderie.

Les dénominations anciennes étant à tous les points de vue préférables aux nouvelles, il serait plus à propos de l'appeler RUE DES BERGERIES, ou DE LA BERGERIE, le bâtiment converti en buanderie ayant été construit pour cette destination.

Rue Haute-des-Fosses et rue Basse-des-Fosses.

Ce que l'on a dit plus haut des rues Basse et Haute peut se répéter ici. L'adjonction des mots *des fosses*, qui n'empêche pas une certaine confusion, notamment au passage des troupes, est due, chacun le sait maintenant, à l'existence de fosses servant de réservoirs à poissons, avant la construction des maisons qui aujourd'hui bordent ces rues.

Il suffirait de conserver à la rue Basse le nom de RUE DES FOSSES. A la rue Haute on donnerait le nom du célèbre imagier, Ligier Richier, la gloire de St-Mihiel, dont la maison s'y voit encore. Depuis la ruelle qui conduit aux capucins jusqu'à sa jonction avec la rue Basse, on l'appellerait RUE LIGIER RICHIER (1).

Rue des Champs.

Elle a l'honneur d'avoir vu naître et grandir le *général Blaise*, militaire distingué qui vient de périr malheureusement blessé à mort pendant la dernière guerre devant Paris. Consacrer sa mémoire en donnant son nom à cette rue, ou à la place qui la termine, ne sera qu'un acte de justice et un titre de gloire pour la ville.

Si l'on réserve à une autre appellation cette place, elle devrait prendre le nom de PLACE DU CANON, du nom de la maison même du général où jadis était placée l'artillerie défendant la porte à Verdun.

Rue Notre-Dame.

Appelée autrefois rue du Four à Brauville. Les Religieuses chanoinesses de la congrégation de Notre-Dame s'y étant établies avec succès, la ville, à leur départ, choisit entre leurs dénominations celle de *Notre-Dame*, au lieu de *Chanoinesses* ou *de la Congrégation* qui les eussent mieux rappelées.

(1) Disons ici que si l'existence de ces fosses ne s'explique pas facilement à raison de l'élévation de la rue Haute qui ne permettrait pas aux sources de sortir à fleur de terre, on le comprendra plus facilement en apprenant que cette rue était d'au moins un mètre moins élevée. On en voit la preuve dans la maison de Ligier Richier où les caves ont été élevées d'autant. Disons aussi que cette maison était plus grande, comprenant aussi celle voisine, comme le démontraient les encadrements d'anciennes portes de communication.

Mais c'est ici le lieu et l'occasion de consacrer le souvenir de ST-VINCENT DE PAUL, ce grand homme qui, dans les moments calamiteux où St-Mihiel voyait sa population succomber à la peste et à la famine, entreprit de la secourir. On ne peut penser sans émotion qu'il y apporta près de *deux millions* qu'il n'avait pas dédaigné de mendier en France, source de nos maux. Jusqu'alors la ville n'a rien fait pour témoigner la profonde reconnaissance qu'elle doit avoir au nom de ses ancêtres, ce qui a fait que la majorité de la population ignore ce qu'elle doit à ce héros de la charité.

Et il faut ajouter que deux millions de ce temps en représentent plus du double aujourd'hui.

Rue Neuve.

Encore un pauvre nom dont aucun de nos édiles ne voudrait s'avouer parrain. Il s'agit de la rue qui va de celle précédente à la rue sur Meuse. Elle était nécessaire pour cette communication ; elle fut percée le long du cloître du couvent des religieuses dont on voit encore des restes dans toutes les maisons qui la bordent. En lui donnant le nom de RUE DU CLOITRE, on rappellerait convenablement le couvent dans les dépendances duquel elle fut tracée.

Rue Coupée.

C'est ici le couronnement de la stérilité de l'imagination de nos anciens administrateurs qui ne pouvaient trouver rien de plus trivial. Il est donc facile de faire mieux. On sait par l'histoire quels services le bienheureux Père Fourier rendit au refuge principal des jeunes filles de la ville trop peu fortunées pour séduire des maris. Il le soutint jusqu'à sa mort et l'habita souvent. Il s'y trouvait caché au moment de l'entrée de l'ennemi en 1635, essayant de se soustraire à la rancune du cardinal de Richelieu pour les conseils qu'il avait donnés contre sa politique au gouvernement de la Lorraine. Ce refuge, à raison de son séjour, était appelé par les religieuses *le petit Mataincourt*, par allusion à la cure du village qu'il administrait. Ainsi, en lui donnant le nom de RUE PIERRE FOURIER, ou DU PÈRE FOURIER, on rendrait un hommage mérité à cet apôtre de la bienfaisance, auquel la Lorraine va aussi élever une statue.

Place des Halles.

Sans doute elle est suffisamment dénommée, mais bien pauvrement et d'une façon superflue, puisque la *Cour des Halles* qui y est enfermée rappelle assez cet établissement.

Il y a beaucoup mieux à faire : chacun sait qu'à la prise de la ville, ensuite du siége qu'elle subit en 1635, dix principaux habitants, rendus arbitrairement responsables de sa résistance, furent *pendus* en ce lieu, à la vérité en effigie, grâce à ce qu'ils avaient pu fuir. Revenus peu après et traités de factieux par l'ennemi, ils furent saisis comme otages et emmenés pour assurance du paiement de la rançon. On n'ignore pas le sort fâcheux qu'ils eurent à subir au dehors de leur patrie, notamment par l'amoindrissement de leur fortune et la perte de leurs fonctions. Il serait donc bien d'appeler ce lieu PLACE DES OTAGES ; ce serait pour la postérité un enseignement de patriotisme et une occasion pour les étrangers de s'informer de ce fait historique, prédécesseur des calamités qui accablèrent nos ancêtres pendant près d'un siècle.

Place du Manége.

La maison la plus importante de cette place est celle qui à elle seule en fait le fond et appartient aujourd'hui à M. Hallot, notaire. Un titre, récemment découvert, nous apprend qu'au XV° siècle et à la fin du XVI°, elle était le siége de la juridiction Épiscopale de Verdun dans la ville de St-Mihiel, et qu'à cette occasion elle portait, depuis un temps immémorial, le nom de *Cour l'Evêque*. En 1569 l'évêque Psaume la trouvant sans utilité juridique, l'ascensa au nommé Grosmyn Jenot, dit L'Asnée, pâtissier, moyennant 8 francs barrois, avec charge d'y bâtir une maison plus convenable, car tombant déjà en ruine à cette époque, elle était qualifiée masure.

Ce censitaire étant venu à mourir à peu près insolvable, sans avoir rien bâti et ses héritiers refusant d'entretenir le bail, l'Évêque Bousmard, sur le rapport que lui en fit François Leclerc, son Procureur général, envoyé sur les lieux, la vendit en 1570 à Jean Bousmard, son frère, lieutenant particulier au baillage de St-Mihiel, moyennant l'abandon d'une rente de 4 réseaux de froment, valant annuellement 60 francs, assise sur le moulin de Fresnes, dépendance de l'Evêché, qui se trouva libéré d'autant.

Outre les obligations imposées au pâtissier, il était tenu de loger l'Evêque, quand il venait à St-Mihiel ; mais ce dernier, par la considération que son Évêché ne possédait plus rien à St-Mihiel et que le château de Wimbée, qui lui appartenait, lui offrait un logement moins éloigné, plus commode et plus décent, renonça au droit d'habitation réservé par ses prédécesseurs. Jean Bousmard, devenu propriétaire incommutable de la Cour-l'Evêque et de ses dépendances, l'aggrandit successivement, tellement qu'il posséda bientôt tout le terrain situé aux alentours, jusqu'au mur des fortifications de la ville. Ses descendants firent construire dans le jardin bordant la route de Verdun de petites maisons ouvrières qui, en 1725, étaient au nombre de 12, appartenant alors à Charles François Bousmard, Prévot. Le fils de celui-ci, Henri-Ignace, Président au parlement de Metz, y ajouta trois autres maisons qui en portèrent le nombre à quinze, louées alors chacune 100 livres de Lorraine. Mais en 1793 la nation, profitant d'une loi spoliatrice, le dépouilla du tout, y compris le manoir Épiscopal, qui fut divisé en deux portions, ce qui produisit 123,775 francs en assignats, valant alors en numéraire 36,532 francs.

Pendant les deux siècles que la famille Bousmard habita St-Mihiel, où elle occupa des positions importantes, elle se signala par divers bienfaits, au nombre desquels, son dernier représentant, Henri Bousmard, malgré la sévérité déployée contre ses aïeux, dota la ville de son domaine de Chanterenne, d'une importance majeure. Cette grande libéralité qui, jusqu'alors, n'a été égalée par aucun habitant, jointe à la célébrité que son père le major Bousmard s'acquit par son mérite militaire et des écrits remarquables sur sa profession, sont des motifs sérieux de donner à cette place le nom de PLACE BOUSMARD. La ville, en cela, se montrera justement reconnaissante et s'acquittera d'un devoir devenu impérieux.

Rues de l'Arbre-Vert et rue des Bains.

Depuis la porte à Verdun jusqu'à la caserne elles suivent les anciens fossés de la ville ; il y aurait lieu de leur donner le nom préférable de RUE DES REMPARTS, plus instructif que ceux qu'elles portent.

Le présent travail, quoique fait avec soin et réflexion, n'a pas, on le répète, l'ambition de s'imposer ; puisse-t-il triompher de l'insouciance de nombreux indifférents. La municipalité peut l'améliorer en se conformant toutefois à l'histoire du passé. Quoi qu'elle fasse, elle ne pourra raisonnablement, dans un temps ou dans un autre, se dispenser, pour son honneur et celui de la cité, d'apporter remède à la stérilité de la nomenclature actuelle. Il n'est pas ordinaire, il est vrai, d'adopter sans combat et de bonne grâce, les idées et les projets d'autrui, mais il suffit pour le faire, de posséder un esprit libéral et élevé, ce qui est une raison pour ne pas craindre en ce moment pareille petitesse.

Si, ce qu'à Dieu ne plaise, il en était autrement, nous inviterions tous nos concitoyens, jouissant de quelque honorabilité, amis de la gloire de leur cité, à proclamer bien haut la nécessité d'une réforme que l'exemple des autres villes prescrit impérieusement ; car il ne suffit pas de réaliser à grands frais pour le présent des améliorations matérielles, l'avenir a des exigences qui lui sont commandées par le passé, d'autant plus désirables qu'elles peuvent avoir de précieux résultats et ne coûtent rien.

Novembre 1875.

DUMONT.

Saint-Nicolas et Nancy, imprimerie et lithographie de N. COLLIN.

www.ingramcontent.com/pod-product-compliance
Lightning Source LLC
Chambersburg PA
CBHW070546050426
42451CB00013B/3195